M NIK

My Simple Prayer Book

All booklets are published thanks to the generous support of the members of the Catholic Truth Society

CATHOLIC TRUTH SOCIETY
PUBLISHERS TO THE HOLY SEE

CONTENTS

SPIS TREŚCI

CONTENTS

SPIS TREŚCI

BASIC PRAYERS

The disciples asked Jesus to teach them how to pray. So Jesus taught them the Our Father. We should pray this prayer every day.

Sign of the Cross

**In the name of the Father, and of the Son,
and of the Holy Spirit.**

Amen.

Our Father

**Our Father, who art in heaven,
hallowed be thy name;
thy kingdom come,
thy will be done
on earth as it is in heaven.
Give us this day our daily bread,
and forgive us our trespasses,
as we forgive those who trespass against us;
and lead us not into temptation,
but deliver us from evil.**

Amen.

PODSTAWOWE MODLITWY

Uczniowie prosili Jezusa, aby nauczył ich modlić się. Jezus nauczył ich modlitwy Ojcze Nasz. Powinniśmy odmawiać tę modlitwę każdego dnia.

Znak krzyża

W imię Ojca i Syna
i Ducha Świętego

Amen.

Modlitwa Pańska

Ojcze nasz, któryś jest w niebie
święć się imię Twoje;
przyjdź królestwo Twoje;
bądź wola Twoja
jako w niebie tak i na ziemi.
Chleba naszego powszedniego daj nam dzisiaj;
i odpuść nam nasze winy,
jako i my odpuszczamy naszym winowajcom;
i nie wódź nas na pokuszenie;
ale nas zbaw ode złego

Amen.

BASIC PRAYERS

Glory be to the Father

**Glory be to the Father, and to the Son,
and to the Holy Spirit.
As it was in the beginning, is now,
and ever shall be, world without end. Amen.**

When we say the Hail Mary we repeat the words of the Angel when he told Mary she was going to be the Mother of the son of God. We also say the words of Mary's Cousin Elizabeth. Mary was closer to Jesus than anybody at the beginning and at the end of our Saviour's life, so we ask her to pray for us now and when we die.

Hail Mary

**Hail, Mary, full of grace,
the Lord is with thee.
Blessed art thou among women,
and blessed is the fruit
of thy womb, Jesus.
Holy Mary, Mother of God,
pray for us sinners,
now, and at the hour of our death.
Amen.**

PODSTAWOWE MODLITWY

Uwielbienie Trójcy Świętej

**Chwała Ojcu i Synowi,
i Duchowi Świętemu.
Jak była na początku, teraz i zawsze,
i na wieki wieków. Amen.**

Kiedy odmawiamy modlitwę Zdrowaś Mario powtarzamy słowa, w których Anioł przekazał Marii, że zostanie Matką Syna Bożego. Powtarzamy również słowa św. Elżbiety, kuzynki Marii. Maria była bliższa Jezusowi niż ktokolwiek inny na początku życia naszego Zbawiciela, dlatego też prosimy ją, aby modliła się za nas teraz, oraz kiedy umrzemy.

Zdrowaś Maryjo

**Zdrowaś Maryjo, łaski pełna, Pan z Tobą,
błogosławionaś Ty między niewiastami,
i błogosławiony owoc żywota Twojego, Jezus.
Święta Maryjo, Matko Boża,
módl się za nami grzesznymi
teraz i w godzinę śmierci naszej.**

Amen.

I BELIEVE

The Apostles' Creed is one of the most ancient descriptions of our faith. It tells the story of what we believe about Jesus and the Church he founded, and about what will happen to us after we die.

We are proud of what we believe and that Jesus has called us to be his followers and friends.

WIERZĘ W BOGA

Symbol Apostolski jest jednym z najstarszych opisów naszej wiary. Mówi o naszej wierze w Jezusa i w Kościół, któremu dał początek, i w to, co się z nami stanie po śmierci.

Jesteśmy dumni z naszej wiary i z tego, że Jezus powołał nas do bycia jego naśladowcami i przyjaciółmi.

The Apostles' Creed

I believe in God,
the Father almighty,
Creator of heaven and earth,
and in Jesus Christ, his only Son, our Lord,
who was conceived by the Holy Spirit,
born of the Virgin Mary,
suffered under Pontius Pilate,
was crucified, died and was buried;
he descended into hell;
on the third day he rose again from the dead;
he ascended into heaven,
and is seated at the right hand of God
    the Father almighty;
from there he will come to judge
the living and the dead.
I believe in the Holy Spirit,
the holy catholic Church,
the communion of saints,
the forgiveness of sins,
the resurrection of the body,
and life everlasting. Amen.

Skład Apostolski

Wierzę w Boga,
Ojca Wszechmogącego,
Stworzyciela nieba i ziemi,
i w Jezusa Chrystusa, Syna Jego Jedynego, Pana
naszego, który się począł z Ducha Świętego,
narodził się z Maryi Panny;
umęczon pod Ponckim Piłatem,
ukrzyżowan, umarł i pogrzebion.
Zstąpił do piekieł,
trzeciego dnia zmartwychwstał.
Wstąpił na niebiosa,
siedzi po prawicy Boga
    Ojca Wszechmogącego.
Stamtąd przyjdzie sądzić żywych i umarłych.
Wierzę w Ducha Świętego;
Święty Kościół powszechny,
Świętych obcowanie,
grzechów odpuszczenie;
ciała zmartwychwstanie;
żywot wieczny. Amen.

MORNING PRAYER

St Paul was one of Jesus' best and bravest disciples. He tells us in the Bible to "pray at all times". This is a good reason for us to begin every day in prayer.

Morning Offering

O Jesus, through the most pure heart of Mary,
I offer you all my prayers, thoughts, works
and sufferings of this day for all the intentions
of your most Sacred Heart.
O most Sacred Heart of Jesus,
I place all my trust in you.
O most Sacred Heart of Jesus,
I place all my trust in you.
O most Sacred Heart of Jesus,
I place all my trust in you.
Amen.

MODLITWA PORANNA

Święty Paweł był jednym z najlepszych i najodważniejszych uczniów Jezusa. W Biblii mówi nam, abyśmy "modlili się nieustannie". Jest to dobry powód, abyśmy rozpoczynali każdy dzień modlitwą.

Poranne Ofiarowanie

Niepokalane Serce Maryi,
pełne miłości Boga do ludzkości
i miłosierdzia dla grzeszników,
Zawierzam się Tobie.
Powierzam Tobie zbawienie mojej duszy.
Niech moje serce będzie
zawsze zjednoczone z Twoim, tak bym
nienawidził grzechu, kochał Boga i
bliźniego i osiągnął życie wieczne wraz z Tymi których kocham.
Niech dostąpię łagodności Twego
matczynego serca i mocy Twego
wstawiennictwa u Jezusa przez całe
moje życie i w godzinę mojej śmierci.
Amen.

NIGHT PRAYER

We can pray before going to bed, thanking God for all that we experienced during the day. We can also ask for rest and a fresh start tomorrow.

Prayer Before Going to Bed

O my God, I've come to say
Thank you for your love today.
Thank you for my family,
And all the friends you give to me.
Guard me in the dark of night,
And in the morning send your light.
Amen.

MODLITWA WIECZORNA

Możemy modlić się przed pójściem spać, dziękując Bogu za wszystko to, czego doświadczyliśmy za dnia. Możemy również prosić o odpoczynek i nowy początek następnego dnia.

Modlitwa Przed Snem

Dobranoc, aniołki na noc.
Matka Boska przy łóżku,
a Pan Jezus w serduszku.

Amen.

PRAYER AT NOON

The Angelus (which means Angel) can be said morning, noon, and night – but especially at noon. It reminds us that God became man to save us.

The Angelus

V. The Angel of the Lord declared to Mary:

R. And she conceived of the Holy Spirit.
Hail Mary...

V. Behold the handmaid of the Lord:

R. Be it done to me according to your word.
Hail Mary...

V. And the Word was made flesh:

R. And dwelt among us. Hail Mary...

V. Pray for us, O holy Mother of God.

R. That we may be made worthy of the promises of Christ.

Let us pray:

Pour forth, we beseech you, O Lord, your grace into our hearts, that we, to whom the Incarnation of Christ, your Son, was made known by the message of an Angel, may by his passion and cross be brought to the glory of his resurrection, through the same Christ our Lord.

R. Amen.

MODLITWY W CIĄGU DNIA

Ojcze, w swej miłości wyprowadziłeś mnie ze zła do dobra i z niedoli do szczęścia. Udziel mi Twojego błogosławieństwa i daj mi odwagę wytrwania.

Anioł Pański

P. Anioł Pański zwiastował Pannie Maryi,

W. **I poczęła z Ducha Świętego.**
Zdrowaś Maryjo...

P. Oto ja służebnica Pańska,

W. **Niech mi się stanie według słowa Twego.**
Zdrowaś Maryjo...

P. A Słowo stało się ciałem,

W. **I zamieszkało między nami.**
Zdrowaś Maryjo...

P. Módl się za nami, święta Boża Rodzicielko.

W. **Abyśmy się stali godnymi obietnic Chrystusowych.**

Módlmy się:

Łaskę Twoją, prosimy Cię, Panie, racz wlać w serca nasze, abyśmy, którzy za zwiastowaniem anielskim Wcielenie Chrystusa, Syna Twego poznali, przez Mękę Jego i Krzyż do chwały zmartwychwstania byli doprowadzeni. Przez tegoż Chrystusa Pana naszego.

O. **Amen.**

PRAYER TO MY GUARDIAN ANGEL

Each and every one of us has been given an angel by God to look after us and to keep us from physical and spiritual harm. We can talk and pray to our angel to keep us safe and to help us make the right decisions.

Angel of God

Angel of God, my guardian dear
to whom God's love commits me here.
Ever this day be at my side
to light, to guard, to rule and guide. Amen.

MODLITWA DO ANIOŁA STRÓŻA

Każdy z nas otrzymał od Boga anioła, który opiekuje się nami i chroni nasze ciało i duszę przed krzywdą. Możemy rozmawiać z naszym aniołem i modlić się do niego, aby dbał o nasze bezpieczeństwo i pomagał nam podejmować właściwe decyzje.

Aniele Boży

Aniele Boży, stróżu mój,
Ty zawsze przy mnie stój.
Rano, wieczór, we dnie, w nocy bądź mi zawsze ku pomocy. Strzeż duszy, ciała mego, zaprowadź mnie do żywota wiecznego. Amen.

GRACE AT MEALS

God has given us everything that we need to live, including the food we eat. We show our gratitude by praying before and after every meal.

Grace Before Meals

Bless us, O Lord,
and these, thy gifts,
which we are about to receive from thy bounty.
Through Christ, our Lord.

Amen.

Grace After Meals

We give you thanks, almighty God,
for all your benefits,
who live and reign,
world without end.
May the souls of the faithful departed,
through the mercy of God,
rest in peace.

Amen.

MODLITWA PRZED POSIŁKIEM

Bóg dał nam wszystko to, czego potrzebujemy do życia – wraz z jedzeniem, które spożywamy. Okazujemy naszą wdzięczność, modląc się przed i po każdym posiłku.

Modlitwa Przed Posiłkiem

Pobłogosław Panie Boże nas i te dary, które z Twojej opatrzności spożywać mamy.
Przez Chrystusa, Pana naszego.

Amen.

Modlitwa Po Posiłku

Dziękujemy Ci, Panie Boże, za wszystkie dobrodziejstwa Twoje.
Który żyjesz i królujesz na wieki wieków.

Amen.

CONFESSION: WHEN WE ARE SORRY

God loves us and is always ready to forgive us for what we have done wrong. All we need to do is admit what we did and tell the priest. If we are truly sorry and try our best not to repeat these actions again, God will forgive us. Every time we go to confession we have the chance to leave our sins behind and to grow closer to God. Before we go we can ask ourselves what we have done wrong and what we could have done better.

The Confiteor

I confess to almighty God
and to you, my brothers and sisters,
that I have greatly sinned,
in my thoughts and in my words,
in what I have done and in what I have failed to do,
through my fault, through my fault,
through my most grievous fault;
therefore I ask blessed Mary ever-Virgin,
all the Angels and Saints,
and you, my brothers and sisters,
to pray for me to the Lord our God.

SPOWIEDŹ: KIEDY ŻAŁUJEMY NASZYCH UCZYNKÓW

Bóg kocha nas i jest zawsze gotowy przebaczyć nam nasze złe uczynki. Potrzebujemy jedynie przyznać się do nich i powiedzieć o nich księdzu. Jeżeli jest nam naprawdę przykro i postaramy się nie popełniać więcej tych uczynków, Bóg nam wybaczy. Za każdym razem, gdy udajemy się do spowiedzi, możemy uwolnić się od naszych grzechów i zbliżyć się do Boga. Zanim to zrobimy, zadajmy sobie pytanie o to, co zrobiliśmy źle oraz jak mogliśmy lepiej postąpić.

Spowiedź Powszechna

Spowiadam się Bogu wszechmogącemu
i wam, bracia i siostry,
że bardzo zgrzeszyłem
myślą, mową,
uczynkiem i zaniedbaniem:
moja wina,
moja wina,
moja bardzo wielka wina.
Przeto błagam Najświętszą Maryję, zawsze
Dziewicę, wszystkich Aniołów i Świętych
i was, bracia i siostry,
o modlitwę za mnie do Pana Boga naszego.

Examination of Conscience

Did I pay attention at Mass?
Did I misbehave in church?
Did I say my prayers each day?

Did I do what my parents and teachers told me to do?
Did I say unkind things to my parents?

Did I refuse to share?
Did I take something that didn't belong to me?

Did I tell lies at home or at school?
Was I lazy at home or school?
Did I hurt other people by teasing them or calling them unkind names?
Did I get my brother or sister into trouble?
Have I cheated or been unfair in games or tests?
Did I fail to do my homework?

Rachunek Sumienia

Czy uczęszczałem/uczęszczałam na Mszę?
Czy zachowywałem/zachowywałam się źle w kościele?
Czy odmawiałem/odmawiałam modlitwy codziennie?

Czy robiłem/robiłam to, co nakazywali mi
moi rodzice i nauczyciele?
Czy odzywałem/odzywałam się niegrzecznie do rodziców?

Czy odmawiałem/odmawiałam dzielić się z innymi?
Czy wziąłem/wzięłam coś, co nie należało do mnie?

Czy kłamałem/kłamałam w domu lub w szkole?
Czy byłem/byłam leniwy/leniwa w szkole lub w domu?
Czy uraziłem/uraziłam innych przedrzeźniając się
z nimi lub nieładnie ich przezywając?
Czy spowodowałem/spowodowałam, że mój brat
lub siostra mieli kłopoty?
Czy zachowywałem/zachowywałam się nieuczciwie
podczas gier lub sprawdzianu?
Czy nie odrabiałem/nie odrabiałam zadań domowych?

Sacrament of Reconciliation

(You may take this prayer book with you to confession)

Reception

The priest welcomes you warmly. Follow the greeting by making the sign of the cross while he says:

In the name of the Father, and of the Son, and of the Holy Spirit. Amen.

The Word of God

The priest may invite you to reflect on a passage from Holy Scripture, speaking of God's mercy and call to conversion.

Sakrament Pojednania

(Możesz wziąć ten modlitewnik ze sobą do spowiedzi)

Przywitanie

Ksiądz powita cię serdecznie. Odpowiedz na powitanie czyniąc znak krzyża, podczas gdy on mówi:

W imię Ojca i Syna
i Ducha Świętego. Amen.

Słowo Boże

Ksiądz może zachęcić cię do zastanowienia się nad fragmentem Pisma Świętego, mówiącym o miłosierdziu Boga i wezwaniu do nawrócenia.

Then you can speak in your own words or you can say:

Bless me, Father, for I have sinned. My last confession was *(say roughly how long)* **ago and these are my sins.**

Now tell your sins simply in your own words. When you have finished, let the priest know. You can use these words if you wish:

I am sorry for all these sins and for any that I cannot now remember.

Listen carefully to the advice of the priest. The priest will then invite you to say a prayer of sorrow (an Act of Contrition), such as:

O my God, because you are so good,
I am very sorry
that I have sinned against you,
and by the help of your grace
I will not sin again.

Wait while the priest says the prayer of absolution (where Christ forgives you all your sins). Make the sign of the cross when the priest says:

I absolve you from your sins
in the name of the Father,
and of the Son ✠
and of the Holy Spirit. Amen.

The priest may say a few final words of encouragement to you as you leave.

Następnie możesz użyć własnych słów lub powiedzieć:

Przebacz mi, Ojcze, bo zgrzeszyłem/zgrzeszyłam. Ostatni raz u spowiedzi byłem/byłam *(powiedz mniej więcej, jak dawno temu)*, **oto są moje grzechy.**

Teraz wymień swoje grzechy, używając własnych słów. Powiedz księdzu, kiedy skończysz. Jeśli chcesz, możesz użyć następujących słów:

Boże, bądź miłościw mnie grzesznemu
Boże, bądź miłościw mnie grzesznemu
Boże, bądź miłościw mnie grzesznemu.

Wysłuchaj uważnie porady księdza. Następnie ksiądz zachęci cię do odmówienia modlitwy (Żal za grzechy), takiej jak ta:

Ach, żałuję za me złości, jedynie dla Twej miłości. Bądź miłościw mnie grzesznemu, do poprawy dążącemu.

Czekaj, podczas gdy ksiądz odmawia modlitwę rozgrzeszenia (w której Chrystus przebacza ci wszystkie twoje grzechy). Uczyń znak krzyża, gdy ksiądz mówi:

I ja odpuszczam tobie grzechy
W imię ojca,
i Syna ✠
i Ducha Świętego.
Amen.

Ksiądz może udzielić ci kilku słów zachęty na zakończenie spowiedzi.

After Confession

If the priest gave you a penance or a prayer to say, do it straight away after confession. Take a moment to thank God for his great love and forgiveness.

Father, in your love
you have brought me from evil to good
and from misery to happiness.
Through your blessings
give me the courage of perseverance.

Amen.

Po Spowiedzi

Jeżeli ksiądz udzielił ci pokuty lub nakazał odmówić modlitwę, zrób to zaraz po spowiedzi. Znajdź chwilę, aby podziękować Bogu za jego wielką miłość i przebaczenie.

Ojcze, w swej miłości
wyprowadziłeś mnie ze zła do dobra
z niedoli do szczęścia.
Udziel mi Twojego błogosławieństwa i
daj mi odwagę wytrwania.

Amen.

A VISIT TO THE BLESSED SACRAMENT

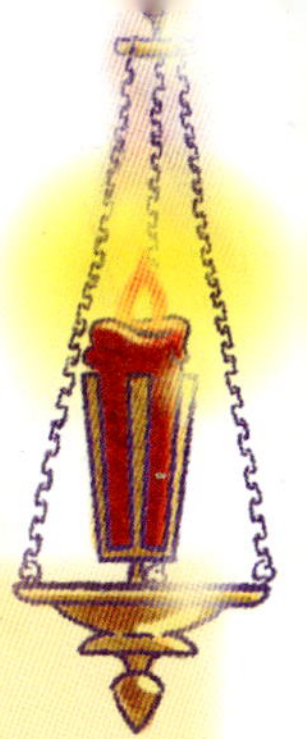

There is always a candle burning in the sanctuary lamp to remind us of Jesus' presence. We can always pray to Jesus at anytime and anywhere. But we can be especially close to Jesus by praying before the tabernacle or when the Blessed Sacrament is placed in a beautiful monstrance so that we can adore him.

ADORACJA NAJŚWIĘTSZEGO SAKRAMENTU

Przy ołtarzu zawsze znajduje się lampa z zapaloną świecą, która przypomina nam o obecności Jezusa. Możemy modlić się do Jezusa zawsze i wszędzie. Ale szczególnie bliscy Jezusowi będziemy modląc się przed tabernakulum lub modląc się do Najświętszego Sakramentu, umieszczonego w pięknej monstrancji po to, byśmy mogli adorować Jezusa.

Act of Adoration

O Jesus, my God, my Creator,
I adore you, because from your hands I came
and with you I am to be happy for ever.

Or:

O Sacrament most Holy,
O Sacrament Divine,
All praise and all thanksgiving,
Be every moment Thine.

Or:

O come let us adore him,
Christ the Lord!

Akt Adoracji

O Jezu, mój Boże, mój Stworzycielu,
uwielbiam Cię, ponieważ jestem dziełem
twych rąk i z Tobą będę szczęśliwy na
zawsze.

Albo:

O Boski Sakramencie,
O Najświętszy Sakramencie,
Tobie chwała i dziękczynienie
Niech będzie w każdym momencie.

Albo:

Oddajmy pokłon Jemu,
Królowi!

PRAYER TO THE HOLY SPIRIT

We received the Holy Spirit in our baptism. The Spirit helps us to know God better and understand what he wants from us. We pray to the Holy Spirit to fill us with his gifts and to bring us closer to God.

Come, Holy Spirit

Come, Holy Spirit,
fill the hearts of your faithful
and enkindle in them the fire of your love.

Send forth your Spirit and they shall be created.
And you shall renew the face of the earth.

Amen.

MODLITWA DO DUCHA ŚWIĘTEGO

Dar Ducha Świętego otrzymaliśmy podczas chrztu. Duch Święty pomaga nam lepiej poznać Boga i zrozumieć, czego on od nas chce. Modlimy się do Ducha Świętego, aby napełnił nas swoją łaską i zbliżył do Boga.

Przyjdź, Duchu Święty

Przyjdź, Duchu Święty,
napełnij serca Twych wiernych
i zapal w nich ogień Twojej miłości.
Ześlij Ducha Twego, a powstanie życie.
I odnowisz oblicze ziemi.

Amen.

PRAYER TO MARY

At the wedding at Cana Jesus listened to his Mother Mary when she asked him to help those in need. Now that Jesus and Mary are in heaven we pray to her and ask her to help us in all our troubles and to help us to get to know her son Jesus more and more each day.

Hail, Holy Queen

Hail, holy Queen, mother of mercy,
hail, our life, our sweetness, and our hope!
To thee do we cry,
poor banished children of Eve.
To thee do we send up our sighs,
mourning and weeping in this vale of tears.
Turn then, most gracious advocate,
thine eyes of mercy towards us;
and after this our exile
show unto us the blessed fruit of thy womb, Jesus.
O clement, O loving, O sweet Virgin Mary.

V. Pray for us, O holy Mother of God.

R. **That we may be made worthy**
of the promises of Christ.

MODLITWA DO MARII

Podczas wesela w Kanie Galilejskiej Jezus usłuchał słów jego Matki Marii, kiedy ta poprosiła go o pomoc potrzebującym. Dziś, gdy Jezus i Maria są w niebie, modlimy się do Marii z prośbą o pomoc we wszystkich naszych trudnościach, oraz by pomagała nam poznawać swojego syna Jezusa lepiej z każdym dniem.

Witaj Królowo

Witaj Królowo, Matko miłosierdzia,
życie, słodyczy i nadziejo nasza, witaj!
Do Ciebie wołamy
wygnańcy, synowie Ewy;
do Ciebie wzdychamy
jęcząc i płacząc na tym łez padole.
Przeto, Orędowniczko nasza,
one miłosierne oczy Twoje na nas zwróć,
a Jezusa, błogosławiony owoc żywota Twojego,
po tym wygnaniu nam okaż.
O łaskawa, o litościwa, o słodka Panno Maryjo!

P. Módl się za nami, Święta Boża Rodzicielko.

O. Abyśmy się stali godnymi
obietnic Chrystusowych.

THE HOLY ROSARY

The Rosary is a beautiful prayer in which Our Lady helps us to grow closer to her son Jesus by thinking about the most important moments of both their lives.

Start with the sign of the cross and then you can say the Apostles' Creed.

Say an Our Father followed by ten Hail Marys. A string of rosary beads can help you to keep count. Before each decade (set of ten Hail Marys) read each text in turn so you can think about the most important moments in the life of Jesus and his mother.

RÓŻANIEC ŚWIĘTY

Różaniec jest piękną modlitwą, w której Nasza Pani pomaga nam zbliżać się do swojego syna Jezusa poprzez rozmyślanie nad najważniejszymi chwilami w jej życiu i w życiu Jezusa.

Rozpocznij, czyniąc znak krzyża. Następnie zmów Symbol Apostolski.

Zmów Ojcze Nasz, a następnie dziesięć razy Zdrowaś Mario. Koraliki różańca pomogą ci liczyć. Przed rozpoczęciem każdej z dekad (dziesięciu Zdrowaś Mario) przeczytaj odpowiedni fragment tekstu, tak byś mógł/mogła zastanowić się nad najważniejszymi chwilami w życiu Jezusa i jego matki.

The Five Joyful Mysteries

(To be prayed especially on Mondays and Saturdays)

1. The Annunciation.

Mary answered the angel, "Behold the handmaid of the Lord. Be it done unto me according to thy word."

2. The Visitation.

When Mary arrived, Elizabeth kissed her and said to her, "Blessed art thou among women and blessed is the fruit of thy womb."

3. The Nativity.

Mary gave birth to a son, her first-born. She wrapped him in swaddling-clothes and laid him in a manger.

4. The Presentation in the Temple.

Simeon took the baby in his arms and said, "This child will be a light to enlighten all the nations."

5. The Finding of the Child Jesus in the Temple.

Jesus said to Mary and Joseph, "Why were you searching for me? Didn't you know I would be in my Father's house?"

Pięć Tajemnic Radosnych

(Modlitwy do odmawiania zwłaszcza w poniedziałki i soboty)

1. Zwiastowanie.

Maria odpowiedziała aniołowi, "Oto Ja służebnica Pańska, niech mi się stanie według twego słowa."

2. Nawiedzenie.

Kiedy Maria dotarła na miejsce, Elżbieta ucałowała ją i powiedziała, "Błogosławiona jesteś między niewiastami i błogosławiony jest owoc Twojego łona."

3. Narodzenie Pana Jezusa.

Maria wydała na świat pierworodnego Syna. Owinęła go w pieluszki i ułożyła w żłobie.

4. Ofiarowanie Pana Jezusa.

Symeon wziął dziecię w objęcia i powiedział, "To dziecię stanie się światłem na oświecenie wszystkich narodów."

5. Znalezienie Pana Jezusa.

Jezus rzekł do Marii i Józefa, "Dlaczego mnie szukaliście? Czy nie wiedzieliście, że powinienem być w domu mego Ojca?"

The Five Mysteries of Light

(To be prayed especially on Thursdays)

1. The Baptism of the Lord.

**And a voice came from heaven,
"This is my beloved son,
in him I have put all my love."**

2. The Marriage at Cana.

**Mary said to the servants,
"Do whatever he tells you."**

3. The Proclamation of the Kingdom and call to conversion.

**Jesus went throughout
all Galilee, teaching
in the synagogues and
proclaiming the good
news of the kingdom.**

Pięć Tajemnic Światła

(Do odmawiania zwłaszcza w czwartki)

1. Chrzest Pana Jezusa.

**A głos z nieba przemówił,
"Ten jest mój Syn umiłowany,
w którym mam upodobanie."**

2. Wesele w Kanie.

**Maria powiedziała
do sług, "Zróbcie wszystko,
cokolwiek wam powie."**

3. Głoszenie nauki o Królestwie Bożym i wezwanie do nawrócenia.

**Jezus przemierzył całą Galileję,
ucząc w synagogach i głosząc
dobrą nowinę o królestwie.**

4. The Transfiguration.

Jesus was transfigured and his clothes shone like lightning.

5. The Institution of the Eucharist.

Jesus took the bread, blessed it, broke it and gave it to his disciples saying, "Take and eat. This is my body."

4. Przemienienie.

Jezus został przemieniony, a jego ubranie jaśniało jak światło.

5. Ustanowienie Eucharystii.

Jezus wziął chleb i odmówiwszy błogosławieństwo, połamał i dał uczniom, mówiąc, "Bierzcie i jedzcie, to jest Ciało moje."

The Five Sorrowful Mysteries

(To be prayed especially on Tuesdays and Fridays)

1. The Prayer and Agony in the Garden.

Before he was arrested, Jesus said to his disciples, "My soul is sorrowful unto death. Stay here and keep awake." Then he went to pray to his father.

2. The Scourging at the Pillar.

Jesus is beaten by the soldiers. Pilate orders them to take him away and whip him.

3. The Crowning with Thorns.

The soldiers made a crown of thorns and put it on Jesus' head.

4. The Carrying of the Cross.

Then they took Jesus out, and he carried his cross.

5. The Crucifixion and Death.

After having suffered a lot, Jesus died on the cross, saying, "Father, forgive them, they don't know what they're doing."

Pięć Tajemnic Bolesnych

(Do odmawiania zwłaszcza we wtorki i piątki)

1. Modlitwa i udręka w Ogrójcu.

Zanim został pojmany, Jezus powiedział swoim uczniom, „Smutna jest moja dusza aż do śmierci. Zostańcie tu i czuwajcie.” Potem oddalił się, by modlić się do swego ojca.

2. Biczowanie przy kolumnie.

Jezus jest bity przez żołnierzy. Piłat nakazuje im zabrać go i ubiczować.

3. Cierniem Ukoronowanie.

Żołnierze uczynili koronę z cierni i nałożyli ją Jezusowi na głowę.

4. Droga Krzyżowa.

Potem wyprowadzili Jezusa, a on poniósł swój krzyż.

5. Ukrzyżowanie i Śmierć.

Wycierpiawszy wiele, Jezus umarł na krzyżu, mówiąc, “Ojcze, przebacz im, bo nie wiedzą, co czynią.”

The Five Glorious Mysteries

(To be prayed especially on Wednesdays and Sundays)

1. The Resurrection.

Don't be afraid. I know you're looking for Jesus who was crucified. He isn't here. He has risen as he said.

2. The Ascension of Christ into Heaven.

After his resurrection, Jesus blessed his disciples and he withdrew from them and was carried up to heaven.

Pięć Tajemnic Chwalebnych

(Do odmawiania szczególnie w środy i niedziele)

1. Zmartwychwstanie.

Nie bójcie się! Wiem, że szukacie Jezusa Ukrzyżowanego. Nie ma Go tu, bo zmartwychwstał, jak powiedział.

2. Wniebowstąpienie Chrystusa.

Po zmartwychwstaniu, Jezus pobłogosławił swych uczniów i opuścił ich, i został zabrany do nieba.

3. The Descent of the Holy Spirit.

You will receive the Holy Spirit which will come down on you. You will be my witnesses to the ends of the earth.

4. The Assumption.

All generations will call me blessed, for the Almighty has done marvels for me.

5. The Coronation of the Blessed Virgin Mary.

A great sign appeared in heaven, a woman adorned with the sun, standing on the moon with twelve stars on her head for a crown.

3. Zesłanie Ducha Świętego.

Gdy Duch Święty zstąpi na was, otrzymacie Jego moc i będziecie moimi świadkami aż po krańce ziemi.

4. Wniebowzięcie Najświętszej Marii Panny.

Oto bowiem błogosławić mnie będą wszystkie pokolenia, gdyż wielkie rzeczy uczynił mi Wszechmocny.

5. Ukoronowanie Najświętszej Marii Panny.

Potem wielki znak się ukazał na niebie: niewiasta obleczona w słońce i księżyc pod jej stopami, a na jej głowie wieniec z gwiazd dwunastu.

PRAYERS FOR OTHERS

Prayer for My Family

Lord, bless our family, all of us now together,
those far away, all who are gone back to you.
May we know joy. May we bear our sorrows
in patience. Let love guide our understanding
of each other. Let us be grateful to each other.
We have all made each other what we are.
O Family of Jesus, watch over our family.

Amen.

MODLITWY ZA BLIŹNICH

Modlitwa za Moją Rodzinę

Panie Jezu,
Ty, który z całego serca kochałeś Maryję i Józefa.
Pomóż mi kochać moich rodziców
i okazać im moją wdzięczność za to,
co dla mnie robią.
Podaruj im zdrowie i długie życie,
pobłogosław ich trud
i ochroń ich od wszelkiego zła.
Proszę Cię,
aby nasza rodzina była odbiciem
rodziny z Nazaretu,
aby królował w niej Twój pokój,
Twa miłość i Twoja łaska.

Amen.

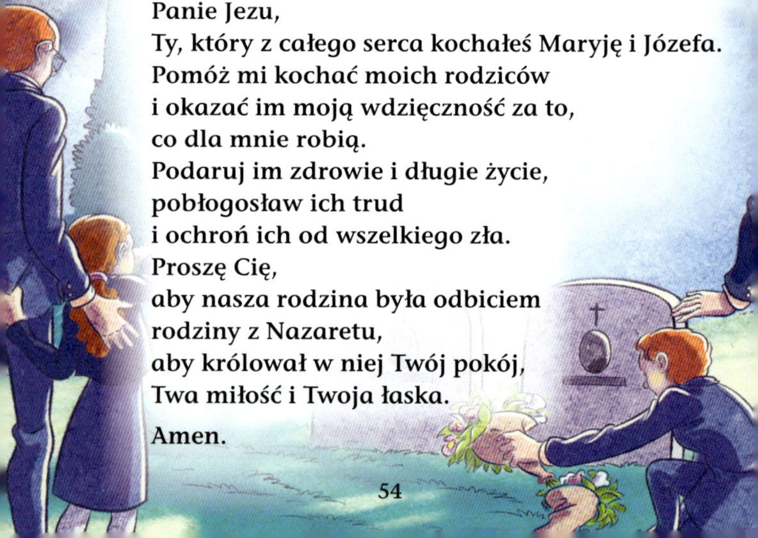

Prayer for Those Who Have Died

Eternal rest grant unto them, O Lord,
and let perpetual light shine upon them.
May they rest in peace.

Amen.

Modlitwa za Zmarłych

Wieczny odpoczynek racz im dać Panie,
a światłość wiekuista niechaj im świeci.
Niech odpoczywają w pokoju wiecznym.

Amen.

PRAYERS FOR OTHERS

The Five Finger Prayer

Pope Francis taught us this way of making sure we remember to pray for all the most important things by using something we always have with us – our hands. We begin by making the sign of the cross, then use each finger to remind ourselves what to pray for.

MODLITWY ZA BLIŹNICH

Modlitwa Pięciu Palców

Papież Franciszek naucza nas, jak zapamiętać wszystkie najważniejsze rzeczy, za które możemy się modlić. W tym celu możemy użyć naszych własnych rąk. Rozpoczynamy, czyniąc znak krzyża, a następnie używamy poszczególnych palców aby przypomnieć sobie, o co się modlimy.

The **thumb** is the closest finger to you so start praying for those who are closest to you. They are the people easiest to remember – your family and your friends.

The next finger is the **index finger**. It points the way. Pray for your teachers and catechists and for all those who help you to learn.

The **middle finger** is the tallest. It reminds us of our leaders – prime ministers and presidents, kings, queens and mayors, and all those who have authority. They make important decisions that affect the lives of many people so they need God's guidance.

The fourth finger is the **ring finger**. Even though it may surprise you, this is the weakest of all your fingers. It should remind us to pray for people who are weak, sick, poor, or facing other problems. They need your prayers.

Finally, your **little finger** should remind you to pray for yourself. When you have finished praying for others you will be able to see your own needs.

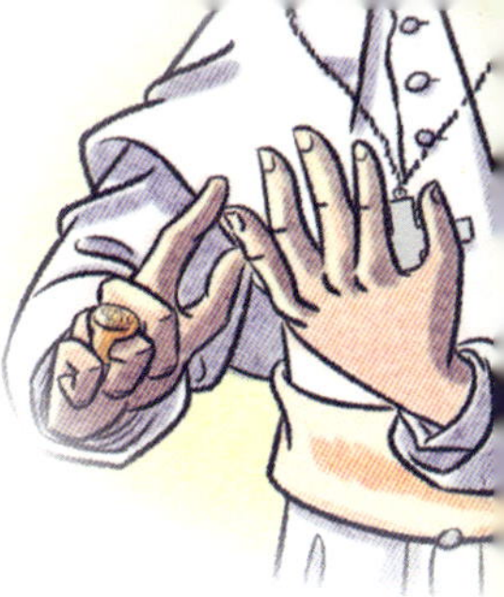

Kciuk to palec, który znajduje się najbliżej – zacznij więc od modlitwy za tych, którzy są ci najbliżsi. To ci, których najłatwiej zapamiętać – twoja rodzina i przyjaciele.

Następny jest **palec wskazujący**. To nim wskazujemy drogę. Pomódl się za swoich nauczycieli i katechetów i tych, którzy pomagają ci w nauce.

Środkowy palec jest najwyższy. Przypomina nam o naszych przywódcach – premierach i prezydentach, królach, królowych, prezydentach miast, oraz wszystkich tych, którzy mają autorytet. To oni podejmują ważne decyzje, które mają wpływ na wielu ludzi – dlatego też potrzebują Bożego przewodnictwa.

Czwarty palec to **palec serdeczny**. Zaskakujące, ale jest naszym najsłabszym palcem. Przypomina nam o tym, by modlić się za słabych, chorych, biednych oraz zmagających się z problemami. Oni potrzebują twojej modlitwy.

Na koniec, twój **mały palec** przypomni ci o modleniu się we własnej intencji. Kiedy już skończysz modlić się za innych, będziesz w stanie dostrzec swoje własne potrzeby.

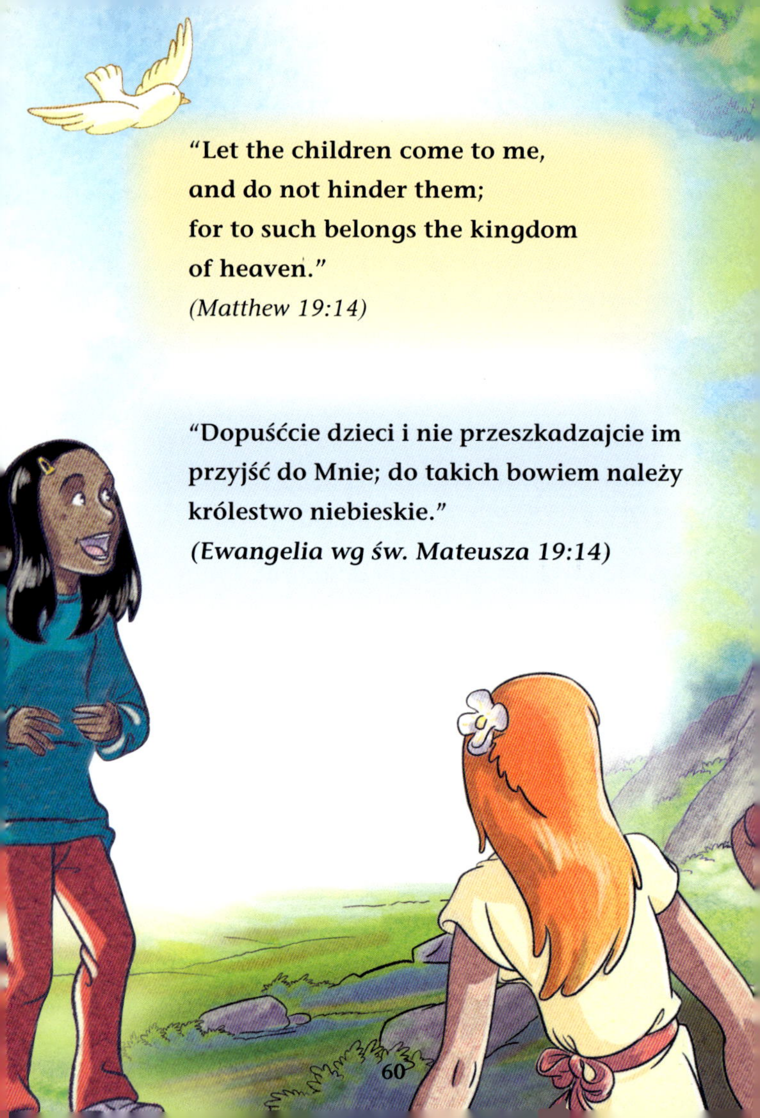

**"Let the children come to me,
and do not hinder them;
for to such belongs the kingdom
of heaven."**

(Matthew 19:14)

"Dopuśćcie dzieci i nie przeszkadzajcie im przyjść do Mnie; do takich bowiem należy królestwo niebieskie."

(Ewangelia wg św. Mateusza 19:14)